INTRODUCCIÓN A LAS COMPUTADORAS

Autor: Jaime Gutierrez © 2014   www.multimedia777.com

Autor: Jaime Gutierrez - © Derechos Reservados 2014
© Multimedia 777

Corrector de Ortografía y Gramática: **Jubal Díaz Del**
Revisión final: **Dinorah Coronado**

INTRODUCCIÓN A LAS COMPUTADORAS

Dedicación

Con amor y gratitud
A mi Amado DIOS:
PADRE CELESTIAL
HIJO JESUCRISTO
Y ESPIRITU SANTO

Prólogo

Este libro forma parte de la colección: "Supérate" una serie de libros, mini-libros, audio-libros, DVDs, charlas, seminarios y talleres; producidos por Jaime Gutierrez, y que se enfocan primordialmente en el estudio y la difusión de técnicas y métodos de auto-ayuda, para alcanzar la superación personal, el éxito en la vida y la verdadera felicidad.

A continuación, una lista parcial de los libros, audio-libros, seminarios, talleres y DVDs, disponibles dentro de la colección "Supérate":

- **Prioridades en la vida**
- **12 pasos para que logres tus metas**
- **10 pasos para vencer la timidez**
- **La Familia Perfecta**
- **Motivación... "La clave del éxito"**
- **12 pasos para que empieces tu propio negocio**
- **12 pasos para tener un matrimonio feliz**
- **10 pasos para desarrollar tus talentos**
- **Tipos de personalidad**
- **El arte de hacer reír**
- **Introducción a las computadoras**
- **Introducción a la internet**
- **introducción a las redes sociales**
- **Técnicas para vencer la depresión**
- **12 pasos para conquistar a la persona ideal**

El Autor

Jaime Gutierrez ha escrito y publicado varios libros sobre diversos tópicos, incluyendo: novelas de acción y romance, poesía, humor, motivación, métodos de auto-ayuda, etc.

Ha conducido seminarios y conferencias sobre temas de motivación y superación personal.

También ha escrito canciones que han vendido millones de copias mundialmente y que han sido éxitos internacionales en las voces de destacados y talentosos artistas, tales como: Marc Anthony, Angélica María, Caña Brava y Julián.

En el mundo empresarial y por más de dos décadas, Jaime ha administrado su propio negocio dentro de la Industria de los Viajes, participando en exclusivas convenciones de Turismo y viajando extensamente alrededor del mundo.

Jaime ha participado en programas radiales y televisivos de proyección internacional, igualmente ha producido varios programas de Radio y Televisión dentro de los Estados Unidos y ha entrevistado de manera exclusiva, a famosas personalidades del mundo artístico y del espectáculo.

Actualmente, Jaime se dedica a viajar por el mundo como guía turístico para grupos privados y dando talleres sobre temas de auto-ayuda y superación personal, enfocados hacia la verdadera felicidad, que solamente se obtiene a través de DIOS.

(PADRE, HIJO JESUCRISTO Y ESPÍRITU SANTO)

Para mayor información sobre el autor visite:
www.jaimelandia.com

Libro de Auto-Ayuda

Este libro es una guía simple y fácil de entender, para todas las personas que no saben cómo manejar una computadora, ni cómo navegar por la internet.

Un resumen de lo que son las computadoras, de cuáles son sus partes principales y de cómo funcionan.

Un viaje desde lo más elemental, hasta el momento en que se empiezan a crear cartas y documentos en uno de los muchos programas de procesamiento de texto; y también hasta ser capaces de crear un correo electrónico por cuenta propia (Un E-mail).

Es un método básico y sencillo, con el que se aprende, mientras se practica.

Una sinopsis de la terminología básica y de todo lo que se necesita saber, para poder seguir aprendiendo por cuenta propia.

Un libro en donde todo lo técnico se simplifica y se expone de una manera muy gráfica (con muchas fotos e ilustraciones), y con palabras sencillas, para que todos los lectores lo puedan asimilar de manera rápida y fácil.

Autor: Jaime Gutierrez © 2014   www.multimedia777.com

Índice

Autor: Jaime Gutierrez © 2014   www.multimedia777.com

Capítulo I

JAIME Y LA CIBERNÉTICA

En las décadas de 1980 y 1990, Jaime empezó a trabajar la escritura de sus primeros libros, en antiguas máquinas de escribir, como la que se muestra en el siguiente gráfico.

Eran máquinas muy rudimentarias comparadas con las computadoras modernas, ya que solamente tenían un teclado que funcionaba mediante piñonería u otros sistemas muy básicos y un rodillo, en donde se colocaban las hojas de papel.

Las letras estaban en las puntas de unos martillitos que golpeaban sobre una cinta impregnada de tinta y que estaba colocada entre el papel y el rodillo.

Las hojas de papel iban debajo de la cinta que pendía de dos carreteles.

Los martillos estampaban las letras sobre el papel y se lograba la "mecanografía" (La escritura a través de máquinas).

En aquella época las máquinas de escribir mecánicas, eran lo más novedoso y sofisticado de la tecnología para el procesamiento de palabras.

Así, de manera muy tediosa y en una forma que haría reír a los niños de hoy día, se elaboraban letra a letra, miles de páginas, libros y/o documentos, que no tenían manera de editarse.

La única forma de corregir los errores, era rompiendo las páginas y volviéndolas a escribir.

En esos años, existían escuelas y cursos universitarios para enseñar mecanografía, pero... ¡Eran costosas y se necesitaba de tiempo!.

Jaime quería publicar sus poemas, escritos y libros, pero no tenía ni el tiempo, ni el dinero para ir a una escuela a aprender.

Por eso decidió comprarse una máquina de las más baratas y aprender mecanografía por cuenta propia.

Así logró terminar de escribir sus primeros libros, para llevarlos a una editorial industrial y publicarlos.

Jaime se hizo "Mecanógrafo sin título oficial", adquiriendo el conocimiento por cuenta propia.

Jaime y su Procesador de Palabras

La tecnología continuaba cambiando y llegaron los procesadores electrónicos de palabras.

¡La novedad a finales de 1980!

Al darse cuenta que podía repetir el proceso y aprender por cuenta propia, Jaime se compró un pequeño procesador.

Así, mediante los manuales del mismo, tras muchas horas de fallidas prácticas y escasos avances, logró entender cómo funcionaban esas máquinas.

Y no solo aprendió a manejarlas, sino que también sin darse cuenta, en ese tiempo, desarrolló las bases para su propio método de auto-aprendizaje.

Así se hizo "Procesador de Palabras", sin un título oficial y logró continuar escribiendo sus libros de manera más rápida.

Al ser electrónicos, los procesadores permitían un poco más de flexibilidad en la edición.

Se podía borrar y re-escribir antes de imprimir en papel. Se podía guardar incluso el documento en un disco blando (Floppy disc), que aunque hoy es un disco prácticamente obsoleto, en aquella época permitía guardar varias páginas y también algunos archivos muy limitados.

Jaime y su primera Computadora Personal

A principios de 1990, la tecnología en el procesamiento de palabras y de informática cambió nuevamente y aparecieron en el mercado mundial, los primeros dinosaurios de la era cibernética...

Eran las primeras computadoras personales de escritorio, fabricadas masivamente para venta al público.

Aunque comparadas a las computadoras del siglo 21, aquellas primeras de 1990, eran mucho más lentas que las tortugas; Jaime no se quería quedar atrás en la tecnología, pues dentro de sus hobbies continuaba el escribir libros, canciones, etc.

Y se repitió la historia...

Jaime no solo se convirtió en usuario de las computadoras de aquella época, sino que de allí en adelante empezó a aprender por cuenta propia, todo aquello que le gustaba, o lo que le llamaba la atención.

¡Un Método que funciona!

Si le dedicamos el tiempo necesario y lo hacemos con disciplina y responsabilidad, "Aprender por cuenta propia" es un método que verdaderamente funciona.

Introducción a las Computadoras es una muestra del innovador y eficaz Método desarrollado por el Señor Jaime Gutierrez, para "Aprender por cuenta propia", mediante libros como este, lo cual nos permite a la vez, ahorrarnos valioso tiempo y mucho dinero.

Con libros como éste, seminarios, talleres y videos de auto-ayuda, Jaime guía a las personas que se han quedado atrás en los avances de la tecnología y a quienes no tienen los medios económicos necesarios, para que puedan aprender por cuenta propia todo aquello que les gusta y/o les interesa y para que puedan también lograr desarrollar todos sus talentos y potencial, ayudándoles así para que puedan competir en el mundo moderno.

Con fe en DIOS y en sí mismos, al igual que con un poco de determinación, disciplina y esfuerzo, las personas que realmente quieran educarse, pueden aprender por cuenta propia y en poco tiempo.

Sin lugar a dudas, un buen método de auto-aprendizaje, hace gran diferencia al momento de querer aprender por cuenta propia.

Autor: Jaime Gutierrez © 2014   www.multimedia777.com

Capítulo II

ANALFABETISMO CIBERNÉTICO

El analfabetismo cibernético es la falta de conocimiento tecnológico en la era digital.

Debido al analfabetismo cibernético, algunas personas (particularmente aquellas que pasan de los 30 años) se sienten obsoletas y anuladas dentro de la sociedad actual y con impotencia ven cómo las nuevas generaciones los superan cada vez más y más en todo lo relacionado al uso de las novedosas máquinas cibernéticas modernas.

Las Nuevas Generaciones y las Computadoras

Es asombroso ver cómo un bebe juega e interactúa de manera natural con cualquier computadora y con los teléfonos inteligentes, como si fueran simples juguetes.

Entre tanto, a sus padres y abuelos les cuesta cada vez más y más, mantenerse al día con los constantes avances de la tecnología.

Pareciera como si los niños y la juventud asimilaran de manera natural los avances tecnológicos, mientras que los padres y los abuelos se quedan estancados en su ignorancia cibernética.

¡Es impresionante ver a la juventud de hoy, interactuando con las computadoras!

Los jóvenes de hoy y las computadoras

Cuando uno ve a los adolescentes, ya sea en las ciudades súper-desarrolladas, o en un campo montañoso y alejado de todo; la característica en la mayoría de ellos es de que, sin importar si son ricos, pobres o de clase media, la gran mayoría de ellos ya saben manejar las computadoras, las tabletas más modernas y los teléfonos celulares inteligentes.

Los niños y los adolescentes navegan por la internet conectándose con todo el mundo y hablan, juegan e inter-actúan con personas a las que, a veces, ni siquiera conocen. Todo mediante las Nuevas Tecnologías.

Autor: Jaime Gutierrez © 2014   www.multimedia777.com

Entre tanto, los padres de esos niños y adolescentes, en la mayoría de los casos, ni siquiera se enteran de lo que sus hijos hacen, pues no tienen el conocimiento tecnológico básico para poder supervisarlos y vigilar su interacción a través de los teléfonos celulares y las computadoras que usan.

Hasta en el campo de las tareas escolares muchos padres se van quedando rezagados en su ignorancia, al no poder ayudar a sus hijos con las asignaciones académicas.

Todas las personas que no saben usar las computadoras, se van quedando cada vez más retrasadas en los constantes avances de la era tecnológica y por lo tanto cada vez tienen más dificultad para competir con las demandas del mundo moderno, para estudiar y/o lograr sus metas.

Por su falta de conocimiento dentro del campo tecnológico, algunas personas tienen dificultad en mantener sus empleos, o en conseguir otros mejores.

A muchos se les hace imposible comunicarse con el resto del mundo, por no saber usar la internet.

Dependencia Tecnológica

Hay muchas personas que lamentablemente tienen que depender de familiares o amigos para que los ayuden cada que se ven enfrentados a la penosa necesidad de elaborar un documento, enviar un mensaje electrónico, de escribir una carta, de manejar un aparato electrodoméstico; de hacer una llamada con un teléfono celular inteligente, o de procesar unas simples fotos de las que se toman con las cámaras modernas digitales.

La computadora constituye una herramienta muy necesaria hoy día y quienes no saben usarla, lamentablemente están en desventaja con relación a los que sí saben.

Capítulo III

LA COMPUTADORA

Según el diccionario, una computadora es un procesador, u ordenador de informática / data.

En este libro, no obstante, se plantea una definición un poco más amplia y explícita, para que las personas que no están familiarizadas con el tema puedan entenderlo mejor.

¿Qué es una Computadora?

Es un aparato mecánico-electrónico que sirve para procesar data e informática, como: texto, operaciones matemáticas, elementos gráficos, audio-visuales, comunicaciones, etc.

Para dar una idea más clara de lo que es una computadora, citamos algunas de las más vendidas y populares:

a) Computadoras de escritorio (Desktop / PC)
b) Las tabletas
c) Los I-pads
d) Los teléfonos celulares Inteligentes
e) Los notebooks
f) Los televisores inteligentes
g) Las agendas electrónicas

Existe un gran número de computadoras de todo tipo (billones en el mundo entero) y las hay gigantescas, del tamaño de un edificio...

También muy pequeñas, hasta del tamaño de la uña de un dedo pulgar.

Algunas son tan avanzadas que son llamadas "Mega Computadoras", como es el caso de las que generalmente usan los departamentos de Gobierno y Seguridad Nacional, en los países más desarrollados del mundo.

Algunas de las Mega-Computadoras pueden procesar 12, o más trillones de cálculos por segundo, como sucede con los procesadores de los Laboratorios Nacionales de Lawrence Lieberman, en Estados Unidos.

También hay computadoras que solo tienen una capacidad de cálculo muy elemental.

Las computadoras regulares, personales (PC), suelen tener una capacidad de procesamiento promedio de cerca de 100 millones de cálculos por segundo.

Las computadoras están alrededor nuestro y por todos lados.

Las vemos en diversidad de tamaños, estilos, formas y colores.

Para dar una idea básica, se puede afirmar que en nuestros hogares, están en casi todos los aparatos electrónicos que usamos:

En los relojes digitales, hornos micro-honda, en las neveras y en algo tan simple como una plancha.

Están también en la mayoría de las cámaras de fotografía y/o de video, en los celulares, televisores, secadores de pelo, lavadoras, secadoras; en los reproductores de música, en las calculadoras y los juguetes de pilas, etc.

La mayoría de las computadoras modernas tienen múltiples usos y aplicaciones, a nivel personal, comercial, industrial, gubernamental y militar.

Son esenciales en los negocios, la ciencia, la informática, la internet, la telefonía y también en comunicaciones alámbricas, inalámbricas, digitales y satelitales.

Las Computadoras son un producto del acelerado mundo de la Tecnología Moderna y de las nuevas corrientes cibernéticas que se descubren y reinventan a diario .

Capítulo IV

PARTES DE UNA COMPUTADORA

Las partes básicas de una computadora son:

1) Cpu * / Unidad Central de Procesamiento
2) Monitor / Pantalla
3) Teclado / Keyboard
4) Ratón / Mouse
5) Cornetas / Parlantes
6) Cámara / Camera
7) Micrófono / Microphone
8) Impresor / Printer
9) Escaneador / Scanner
10) Impresor "Todo en uno" (All in one)
11) Discos externos de memoria
12) Puerto múltiple externo de USB
13) Router /Enrutador (Conector de señales)
14) Principales cables de conexión

NOTA: Aunque las anteriores partes son típicas en una computadora, la forma, estilo, color, tipo de material, etc., etc.; pueden variar leve o notoriamente de acuerdo a las marcas y/o fabricantes. Las computadoras cambian constantemente de forma y figura. Algunos fabricantes presentan diseños modernos e innovadores en tanto que otros permanecen con los mismos modelos clásicos, pero innovando con mayores adelantos en capacidad y velocidad, etc.

Autor: Jaime Gutierrez © 2014   www.multimedia777.com

1) Unidad del Sistema (CPU)
(Unidad que Controla el Proceso)

Parte Frontal   Parte interior   Vista de atrás

El CPU es una caja por lo regular horizontal, o vertical, que contiene las partes centrales básicas de la computadora, incluyendo el disco duro o memoria central, los circuitos internos de procesamiento, la fuente de poder (en inglés: "power supply"), la tarjeta madre (en inglés: "motherboard").

También contiene las unidades reproductoras y/o grabadoras de discos (CD/DVD), los compartimientos de tarjetas de expansión de memoria, uno o más ventiladores y los puertos de conexión o enchufes, etc.

Nota: En la caja del CPU hay otros pequeños componentes de circuitería, etc.

Principales partes internas del CPU

Dentro de la Unidad Central de Procesamiento, o CPU, es común encontrar lo siguiente:

I)   Tarjeta madre / Mother board
II)   Disco duro / Hardrive
III) Procesadores y circuitos
IV) Tarjetas de memoria RAM
V)   Puertos de conexión
VI) Tarjeta de modem y/o ethernet

Descripción básica de las partes del CPU

I - Tarjeta madre / Mother board / Mainboard:

La tarjeta madre constituye la plataforma más importante de la computadora. En ella se integran el disco duro (La memoria central), los procesadores y los circuitos principales.

También en la tarjeta madre está la memoria RAM, el Bios (un programa que administra a todos los componentes), los puertos en serie, en paralelo, de USB, etc. Están también los espacios para expansión de la memoria, los enchufes y conectores para el monitor, el teclado y para los discos externos de memoria.

Dentro de la tarjeta madre también están los conectores y tarjetas para el engranaje de otros equipos externos como impresores, cámaras, micrófono, etc., etc.

Autor: Jaime Gutierrez © 2014   www.multimedia777.com

II - Disco Duro / Hard Drive:

El disco duro es la memoria principal.

Usualmente consta de un solo disco, aunque dependiendo de la computadora puede estar compuesto por varios discos, o incluso puede tener particiones (diferentes secciones) dentro de un mismo disco.

Nota: En una computadora con Windows, todos los discos de memoria normalmente están nombrados con letras, ejemplo:

Letras usadas para los Discos de Memoria

A: Corresponde normalmente a un Floppy Disc (disco blando).

B: Corresponde normalmente a un segundo Floppy Disc (disco blando).

C: Corresponde normalmente al disco principal de la computadora, al disco duro o hard drive.

D: Corresponde normalmente a un segundo Disco Duro (Hard drive).

E: Corresponde normalmente al reproductor de CD y/o DVD. Al reproductor de memorias fijas puestas en Cds y DVDs.

F, G, H, etc.: Son letras destinadas a otros discos de memoria adicionales, que suelen ser externos (van afuera del CPU y se conectan vía cables de USB, etc.).

III - Procesadores y circuitos:

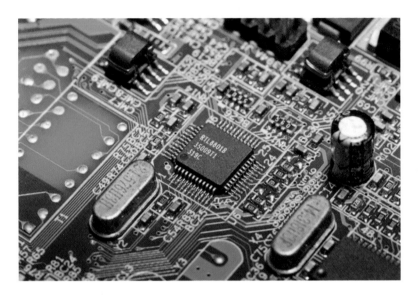

Como se aprecia en la imagen, representan una serie de microprocesadores conectados por circuitos y que sirven para interpretar las instrucciones y la operación de los programas dentro de una computadora.

Contienen diversos tipos de chips electrónicos que están interconectados con los otros elementos de la Tarjeta Madre.

IV - Memoria RAM:

Es un tipo de memoria en donde el computador guarda los datos que está procesando de manera temporal, mientras esté encendido.

V- Puertos de Conexión:

Son enchufes para conexión de otros aparatos o sistemas adicionales y para la electricidad.

VI - Tarjeta de Modem y/o Ethernet:

Puede ser una tarjeta combinada, o dos separadas, que sirven para conectarse con la internet vía línea telefónica, o mediante una conexión de banda ancha (Conexión de alta velocidad).

2) El Monitor / Pantalla (Desktop)

El monitor es la pantalla o reproductor de imagen, en una computadora. Es también conocido como el Desktop (en inglés).

Los monitores vienen en diversos estilos. Los hay muy sencillos y también multifuncionales. Los hay de resolución estándar y de alta resolución.

Todo depende del tipo de computadora que uno compre y del presupuesto que tenga.

3) El teclado / Keyboard

El teclado es la plataforma para digitar el texto, los números y otras funciones específicas, en una computadora.

Existen diversos tipos de teclado. Los hay físicos como los que se muestran y los hay digitales, que ya vienen incorporados a ciertas computadoras y teléfonos inteligentes, etc.

Posición de las manos en el teclado

Una de las cosas más difíciles para una persona que no haya tocado un teclado antes en su vida, es aprender a usarlo de la manera correcta.

Sólo con la práctica continua se puede adquirir destreza. Lo importante es perder el miedo y empezar a practicar.

Al principio es posible que solo se utilicen uno, o dos dedos, porque parece que así se avanza más. Lo ideal, sin embargo, es usar todos los dedos de la mano. Con la práctica se pueden memorizar todas las teclas, sin que haga falta mirar al teclado para escribir. A continuación una muestra gráfica de la posición correcta para las manos y dedos dentro del teclado:

4) El ratón / Mouse

El ratón es el mecanismo que activa al Cursor o Selector de: programas, folders, archivos, documentos, elementos, ventanas, etc.

El Cursor en la pantalla de una computadora se mueve gracias al ratón. El ratón determina la posición del cursor dentro de la pantalla de una computadora.

Autor: Jaime Gutierrez © 2014   www.multimedia777.com

El cursor:

Es un dispositivo digital. Una serie de símbolos, figuras y/o flechas, que se ven en la pantalla de la computadora y que se activan con el Ratón, uno a la vez, según la operación.

Se usan para diferentes funciones, entre ellas: Seleccionar, agarrar, mover, desplazar, activar, editar, sombrear y también para manipular en formas diversas: documentos, texto, folders, archivos, ventanas y otras operaciones al interactuar con el ratón de una computadora.

     I

| Para seleccionar | Ubicación del Cursor | ESPERE | Modificar Tamaño |

5) Las bocinas / Speakers

Las bocinas o parlantes (speakers en Inglés) sirven para reproducir los sonidos en una computadora.

Se ven en diversos estilos, formas y se pueden adquirir en alta o baja resolución dependiendo del presupuesto y la necesidad del usuario.

6) La cámara / Camera

La cámara sirve para tomar fotos y videos mientras se usa la computadora. Es muy funcional, puesto que con ella se pueden hacer conferencias y reuniones cibernéticas con familiares, amigos y clientes, vía Internet.

Algunas computadoras vienen con cámaras de fotos y/o video ya incorporadas a la pantalla. En otros casos, la cámara se puede adquirir y conectar luego.

Las cámaras tienen diversos estilos, formas y se pueden adquirir en alta o baja resolución, con las funciones básicas o con múltiples funciones, dependiendo del presupuesto y la necesidad del usuario.

7) El micrófono / Microphone

El micrófono sirve para que se escuchen y se puedan grabar la voz y los sonidos.

La mayoría de los Ipads, tabletas, teléfonos celulares inteligentes y muchas de las mini-computadoras, traen ya dentro un micrófono incorporado. En las computadoras Desktop, el micrófono es un elemento adicional y no viene normalmente incluido.

Los micrófonos vienen en diversidad de estilos, modelos y diseños. Los hay con audífonos incorporados e individuales como el de la muestra. Los hay profesionales, para estudios de audio y estándar. Todo depende de la necesidad, el gusto y el presupuesto.

8) El impresor / Printer

El impresor conectado a la computadora sirve para imprimir los documentos, las fotos, etc.

Normalmente es un elemento adicional que no viene incluido.

Hay diferentes tipos de impresores, algunos muy elementales y que solo imprimen en blanco y negro y los hay a color. Los hay con impresión laser, etc. Todo depende de la necesidad, del gusto y del presupuesto.

<u>Nota:</u> La tinta para los impresores en general, es cara y puede llegar a costar tanto, o aún más que lo que cuesta el mismo impresor.

9) El escaneador / Scanner

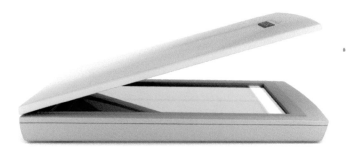

El escaneador o scanner sirve para convertir imágenes y documentos físicos, en imágenes o copias digitales.

Nota: Es recomendable, en vez de comprar un impresor y un escaneador, por separado, comprar lo que se conoce como un impresor "Todo en Uno".

10) Impresor "Todo en uno" (All in One)

Este tipo de impresor es el más recomendable para las personas que quieren aprovechar al máximo todas las posibilidades que ofrecen las computadoras modernas.

El impresor "Todo en Uno" es principalmente un impresor, pero tiene otras funciones como: Escaneador, Impresor de Fotocopias, Receptor e Impresor de Faxes (Si está conectado a la línea telefónica), Impresor de Fotos, etc.

Los hay muy simples, que solo imprimen en blanco y negro. También los hay que pueden imprimir en blanco y negro, y a color. Los hay que funcionan con señal inalámbrica de Bluetooth, etc. y/o que se conectan a varios equipos como: computadoras, cámaras, etc.

11) Discos externos de memoria

Van fuera de la computadora y se usan para extender la capacidad de memoria del sistema.

El disco duro interno de una computadora trae una capacidad de memoria limitada y cuando se guardan muchos gráficos, música, videos, fotos, etc.; esa capacidad de memoria se llena. Ahí es donde se hace conveniente adicionar discos externos de memoria, ya que cuando la computadora está muy cargada de data, se vuelve muy lenta y tiene dificultad para operar. Incluso se puede parar y dejar de funcionar.

Estos discos vienen en diversos tamaños y capacidad. Se recomienda comprarlos de una capacidad mínima de 1 TB (1 Terabyte).

12) Puerto múltiple externo de USB

La mayoría de las computadoras traen un número limitado de enchufes para cables de USB.

El puerto múltiple de USB es un aparato externo que normalmente tiene varias entradas o enchufes para cables de USB, lo que sirve para conectar otros equipos periféricos.

13)   **Enrutador / Router** (Conector de Señal)

Parte frontal

Parte de atrás

Un "Enrutador/Router" es un aparato que sirve para interconectar diferentes señales como las de Internet (ADSL, las de Cable o 3G). Es un receptor y distribuidor de señales.

Autor: Jaime Gutierrez © 2014   www.multimedia777.com

14) Cables de Conexión

Para conectar los diferentes componentes de las computadoras, internos y externos, se usan diferentes tipos de cables.

A continuación una muestra de algunos de los más comunes:

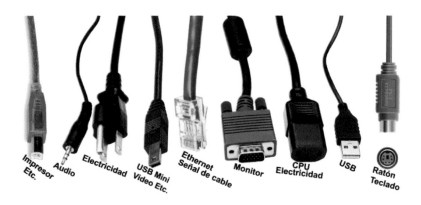

Nota: Los nombres en cada cable son solamente una referencia para orientación. Cada cable tiene un nombre oficial, pero para propósito de Introducción a las Computadoras y para hacerlo fácil, en el anterior gráfico, sólo se asocia a cada cable con el tipo de conexión más común.

Muchos componentes de las computadoras modernas, no necesitan cables, ya que se pueden conectar inalámbricamente.

Capítulo V

MINI-COMPUTADORAS

Las mini-computadoras son un resultado de los avances en la nanotecnología (tecnología en miniatura) y también de la evolución de los procesadores a micro-procesadores.

En términos generales, <u>una mini-computadora es lo mismo que una computadora personal grande</u>, pero reducida a menos tamaño.

Las micro-computadoras pueden igualmente estar reducidas en capacidad, velocidad y en algunas de sus funciones.

No obstante, no hay que dejarse llevar por el tamaño físico, pues hay mini-computadoras que han sido diseñadas y fabricadas para ser súper-rápidas, súper-veloces y que tienen la misma, o mayor capacidad que muchas de las computadoras de tamaño normal.

Partes de una Mini-Computadora

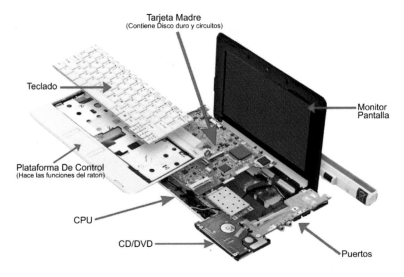

Tarjeta Madre
(Contiene Disco duro y circuitos)

Teclado

Monitor
Pantalla

Plataforma De Control
(Hace las funciones del raton)

CPU

CD/DVD

Puertos

Los componentes principales que normalmente tiene una mini-computadora son:

1) La unidad central de procesamiento (CPU)
2) La tarjeta madre o tarjeta principal
3) Teclado, control, panel, o activador
4) Pantalla o monitor

Las mini-computadoras son básicamente una réplica de las computadoras de tamaño normal y tienen los mismos componentes elementales, aunque para poder comprimirlas a tamaños tan pequeños, algunos de esos componentes se integran directamente al CPU.

El CPU de una mini-computadora suele estar conformado por las mismas partes básicas que conforman el CPU de la computadora regular, pero en miniatura.

En el CPU normalmente se encuentra una Tarjeta principal madre (Main Board en inglés). También un disco duro o un chip de memoria principal y espacios para memorias externas.

Tiene igualmente una circuitería interna y uno o más puertos de conexión, enchufe(s) para electricidad, o para mini-USB, etc.

NOTA: Los teléfonos celulares inteligentes, notebooks, las tabletas y todas las otras mini-computadoras similares, por lo regular tienen los mismos componentes internos, pero más pequeños.

Funciones principales de una computadora

Las computadoras tienen múltiples funciones y sirven para procesar, producir y reproducir información digital y alfa-numérica, como:

Data, texto, documentos, informática, lógica, operaciones matemáticas, producción y edición de audio, video, fotografías, etc.

También sirven para conectarse a la internet, a las redes sociales, etc.

Autor: Jaime Gutierrez © 2014   www.multimedia777.com

Capítulo VI

TÉRMINOS BÁSICOS EN COMPUTACIÓN

Definiciones básicas y términos elementales dentro del lenguaje de las computadoras y la tecnología cibernética:

1) Equipo (Hardware): Son todos los componentes mecánicos de la computadora.

2) Programas / Software: Plataformas para realizar determinadas funciones.

3) Sistema Operativo: Es una aplicación, programa o software pre-instalado en cada computadora, que permite administrar, operar, e integrar las funciones de todos los componentes del computador; al igual que otros programas adicionales. Es el programa principal con el que opera una computadora (el programa "Madre" por llamarlo así).

Por medio de los sistemas operativos se pueden hacer múltiples tareas de manera simultánea, o por separado; activando o des-activando diversos programas y/o aplicaciones, etc.

Dependiendo del fabricante de la computadora y del uso que la computadora tenga (ya sea: personal, comercial, industrial, gubernamental, etc.), existen diversos sistemas operativos.

En el caso de las computadoras personales o PC y las mini-computadoras portátiles, los sistemas operativos más comunes en el mercado son:

a) Microsoft Windows®,

b) Mac OS X y iOS, que usan las computadoras producidas por la Corporación Apple®.

c) Pars, Amadeus, Sabre, etc.; que son usados mayormente por las líneas aéreas.

d) Android-Linux y también iOS de Apple, que son usados en muchos de los teléfonos inteligentes, tabletas y minicomputadoras.

e) La mayoría de las supercomputadoras usan Linux y otros sistemas operativos similares.

4) Ventanas/Windows®: Es un sistema operativo para las computadoras PC, que fue principalmente desarrollado por la Corporación Microsoft©.

Consiste básicamente en una estructura que se basa en abrir cada nuevo programa, aplicación, carpeta, documento, elemento, etc.; dentro de una ventana diferente, o lo que es lo mismo, en una nueva pantalla, dentro de la pantalla principal o Desktop.

Lo anterior quiere decir que el usuario puede abrir una o varias pantallas simultáneamente y al mismo tiempo puede cerrarlas, de acuerdo a la interacción que tiene con la computadora.

Nota: Windows es un sistema operativo muy fácil de manejar. Es la manera mediante la cual, un usuario puede interactuar con una computadora, sin la necesidad de aprender complicados códigos de programación. Es un sistema amigable.

5) Aplicación: Plataforma o programa para realizar una operación específica.

6) Programador: La persona que escribe los programas.

7) Usuario: La persona que usa una computadora.

8) Desktop: Computadora de Escritorio (en Hispanoamérica) u ordenador de sobremesa (en España).

Este tipo de computadora es fabricada para ser usada en un lugar fijo.

9) Laptop/Computador Portátil: Es un tipo de computadora personal móvil o transportable, que pesa normalmente entre 1 y 3 kilogramos.

10) Tablet/Tableta: Es también otro tipo de computadora portátil, más pequeña y liviana que una laptop (Entre 7 y 15 pulgadas de ancho).

Se diferencia de una laptop, en que las tabletas suelen poseer pantalla táctil y teclado digital, permitiendo usar las manos o un lápiz para operarla. La mayoría de las tabletas tienen puertos para teclado físico y para otros aditamentos.

11) I-pad: Es una línea de tabletas diseñadas y comercializadas por la Corporación Apple Inc.®

12) Notebook: Es también una computadora personal móvil, igual o similar a los Laptops y también pesa entre 1 y 3 kilogramos.

13) Nook: Es un lector de libros electrónicos desarrollado por la empresa Barnes & Noble, y usa la plataforma Android.

14) Android: Es un sistema operativo basado en Linux, desarrollado inicialmente para dispositivos móviles, tales como teléfonos inteligentes, tabletas, etc. En la actualidad también se usa en notebooks y ciertas minicomputadoras y pcs. Fue desarrollado inicialmente por Android Inc., una firma comprada por Google en el 2005.

15) Google: Google Inc.® es la empresa dueña de la marca Google, cuyo producto principal es un motor de búsqueda con el mismo nombre. Fue incorporada el 4 de septiembre de 1998 por Larry Page y Sergey Brin (dos estudiantes de doctorado en Ciencias de la Computación de la Universidad de Stanford).

Además del motor de búsqueda, la empresa ofrece también entre otros: un comparador de precios, un motor de búsqueda para material almacenado en discos locales Google (Desktop Search), un servicio de correo electrónico gratuito llamado Gmail y otros famosos programas como: Youtube, Google Earth (mapamundi con imágenges en 3D, de alta resolución), Google Talk, etc.

16) Teléfono Inteligente/Smart phone: Es un teléfono celular. Una minicomputadora portátil que se diferencia de los otros teléfonos portátiles, porque tiene una mayor capacidad de almacenar datos y realizar actividades similares a las de una computadora.

Ofrece además una mayor conectividad que otros teléfonos móvil convencionales.

17) Monitor / Pantalla / Screen: Es la unidad de visualización de un equipo o hardware (Como una computadora, teléfono celular, televisor, etc.). Es un monitor, a través del cual se pueden ver las imágenes. Se le conoce también como "Desktop", en el idioma inglés.

18) Íconos: Son símbolos o especies de logos. Figuras que se usan para identificar diferentes programas, archivos, aplicaciones y folders, etc.; dentro de la pantalla de un computador, en la internet, etc.

19) Menú: Es una lista de elementos como programas, documentos, aplicaciones, etc.

20) Sub-Menú: Es una lista de elementos como programas, documentos, aplicaciones, etc., que está debajo o dentro de un Menú.

21) Barra: Se puede definir como una franja o sección, normalmente rectangular (que puede ser lateral vertical, u horizontal), dentro de la pantalla y que normalmente contiene íconos, menús de programas, aplicaciones, etc.

Es común ver barras en la pantalla de las computadoras, tabletas, teléfonos celulares inteligentes, en los programas o aplicaciones y en la mayoría de los sitios y páginas en internet, etc.

Nota: Las barras pueden aparecer en la parte lateral izquierda o derecha de la pantalla y/o pueden también aparecer en la parte superior o inferior.

Autor: Jaime Gutierrez © 2014   www.multimedia777.com

Una barra puede tener un botón de desplazamiento si es que hay información oculta, que no se alcanza a mostrar en la pantalla. En dicho caso, se puede acceder a ver esa información oculta, operando el botón para desplazar de la barra, mediante el ratón.

22) Click: Es la acción de oprimir una de las secciones del ratón (La izquierda o derecha, según la necesidad), sobre un determinado ícono, menú, programa, aplicación, etc.; dentro de la pantalla de la computadora.

Algunas funciones requieren hacer dos o más clicks consecutivos para operar, abrir o cerrar programas, aplicaciones, etc.

23) Buffer/Búfer: Porción reservada de la memoria principal, que se usa para almacenar datos mientras los mismos se procesan.

En otras palabras, es el espacio de tiempo y memoria requeridos, antes de que un elemento como: audio, video, imágenes, etc. pueda ser reproducido por una computadora, tableta, teléfono inteligente, etc.

Nota: Antes de poder reproducir una canción, un video, o una foto y dependiendo de la velocidad en la internet, las computadoras, teléfonos inteligentes, etc., capturan parte de la descarga en la memoria dedicada al búfer, para evitar la interrupción de la transferencia.

24) Fuente/Font: Dentro de las computadoras se puede decir que la "fuente" tiene varios significados.

Para el propósito de nuestra introducción a las computadoras, podemos decir que significa:

1) Lugar de donde provienen los elementos cibernéticos y/o la informática.

2) Se entiende también como el tipo, molde y estilo de las letras, números y símbolos que se usan.

25) Memoria Ram: (Random Acces Memory) Conocida también como "Memoria de Acceso Aleatorio". Es una memoria temporal que utilizan las computadoras para guardar datos y programas de manera temporal, mientras el computador permanece encendido.

26) Memoria Rom: Memoria de solo lectura. Es un tipo de memoria que se almacena en un Chip o disco para guardar permanentemente data y/o programas, etc. Su contenido, por lo regular, no se puede borrar, ni editar.

27) Interfaz: Es una plataforma o conexión para la interacción entre los equipos, los programas y/o el usuario.

28) Memoria de almacenamiento principal: Es la memoria interna de una computadora (RAM).

29) Memoria de almacenamiento virtual: Es una capacidad técnica que presentan las computadoras para simular más memoria que la que realmente existe, permitiendo ejecutar varios programas simultáneamente.

30) Periféricos: Son aparatos y/o dispositivos auxiliares e independientes que se conectan a la unidad central de procesamiento (CPU), en una computadora.

31) Editor: Programa empleado para crear y manipular archivos, documentos, etc.

Es también la persona que crea y/o manipula archivos, documentos, etc.

32) CD-Rom y el DVD Rom: Mecanismo o dispositivo para leer discos que contienen audio, video, programas, archivos, etc.

33) Floppy Disk (Disco Blando): Es un disco que almacena información magnéticamente. La mayoría de estos discos ya están formateados y pueden almacenar 1.44 MB de información.

34) Disco Duro: Es el área principal de almacenamiento dentro de una computadora.

35) Puerto: Es una interfaz o un enchufe. Un punto de conexión, o punto de entrada. Un punto de acceso o salida para cables u otros dispositivos o aditamentos.

36) Puerto USB o Puerto Bus: Es un punto de conexión para un sistema que transfiere datos o electricidad entre componentes de la computadora, dentro de la computadora o entre computadoras y se usa para conectar varios equipos o periféricos.

37) Archivo: Lugar en donde se guardan o se registran los folders de la data.

38) Folder: Carpeta o lugar en donde se guardan o registran los documentos y/o elementos de la data o informática.

39) Fila / File: Es un elemento, o documento individual o múltiple, de data, informática, etc.

Autor: Jaime Gutierrez © 2014   www.multimedia777.com

40) Documento/Doc: Como su nombre lo indica, es un documento individual, elaborado en un programa de de procesamiento de palabras como Wordpad®, Microsoft Word®, etc.

41) Base de datos: Es un archivo colectivo con índice de datos.

42) Cibernética: La cibernética es la ciencia que se ocupa de los sistemas de control y de comunicación tanto en las personas, como en las máquinas. El nacimiento de la cibernética se estableció en el año 1942. Es la unión de diferentes ciencias, entre ellas: la mecánica, electrónica y la computación.

Términos básicos de medición

A continuación una lista básica de términos que es necesario saber y entender, en cuanto a la capacidad de memoria y de velocidad en las computadoras:

Unidades de medición

K = Kilo = Mil
M = Mega = Millón
G = Giga = Billón (mil millones)
T = Tera = Trillón

Unidades de Capacidad

Bit: Es la unidad más pequeña de información que se procesa en una computadora. Es un dígito simple de un número binario (1, ó 0).

En palabras sencillas, un Bit, es una señal electrónica que puede estar encendida (1) o apagada (0).

Byte: Un byte es una unidad que representa 8 bits.

KB/Kilobyte: Representa 1,000 bits o, 1KB.

MB/Megabyte: Un megabyte es una unidad que representa 1 millón de bytes. 1MB.

GB/Gigabyte: Un gigabyte representa 1 billón de bytes (mil millones de bytes). 1GB.

TB/Terabyte: Un gigabyte representa 1 trillón de Bytes.

Unidades de Velocidad

La velocidad de una computadora tiene que ver con las pulsaciones internas en la Unidad Central de Procesamiento (CPU) y se mide en Hertzios.

Por lo general, mientras más alto sea el número de Hertzios, más rápido debe trabajar una computadora.

Hertz, o **Hertzio (Hz):** Representa una velocidad de 1 ciclo por segundo.

Kilo Hertzio / Kilohtzio = Khz: Representa una velocidad de mil (1000) ciclos por segundo.

Mega Hertzio / Mega Hertz: Representa un millón (1,000,000) de ciclos por segundo.

Giga Hertzio / GHz: Representa un billón de ciclos por segundo (mil millones).

Tera Hertzio / THz: Representa un trillón de ciclos por segundo (mil millones).

Capítulo VII

LA INTERNET

La internet se puede definir como una red de numerosas computadoras conectadas entre sí a nivel mundial, de manera digital, satelital y análoga; mediante ondas electromagnéticas o de cables, como la fibra óptica, etc.).

Para tener acceso a la Internet se requiere de un proveedor de servicio (una compañía de teléfono, de cable, de ondas satelitales, de conexión vía fibra óptica o de algún otro tipo de señal que permita conectarse con la red mundial de computadoras (la Web o Internet).

Autor: Jaime Gutierrez © 2014   www.multimedia777.com

Términos importantes en Internet

1) Internet: Red mundial de computadoras que se comunican entre sí.

2) Modem: Es un dispositivo, o aparato, que convierte las señales digitales en analógas y que sirve para conectarse a la Internet.

3) Wi-fi: Señal de onda (Inalámbrica) que sirve para conectarse a la Internet.

4) Hot Spa: Área, lugar, o dispositivo con señal de acceso a la Internet.

5) Tether/Tethering: Aplicación para conectar uno o más equipos a la internet.

6). Motor de Búsqueda / Search Engine: Es un buscador de información dentro de la Internet (Ejemplo: www. google.com)

7) Navegador/Browser: Sistema para navegar la Internet (Ejemplo: Internet Explorer, Safari, Net Escape).

8) Router: Equipo electrónico que funciona como conector o enrutador y que sirve para enlazar diferentes señales y/o componentes.

9) 3 G / 4 G: Los términos 3G y 4 G se refieren a generaciones pertenecientes a la velocidad con la que viaja la Data e Informática, a través de las redes.

La G representa la palabra Generación.

La primera generación, la 1G, se inició con los teléfonos análogos. La 2G con los digitales.

Las generaciones 3G y 4G son las más populares en el mundo de la nueva tecnología, a la fecha de la impresión de este libro (2014).

La diferencia principal entre 3G y 4G es la velocidad con la que viaja la información en Internet. La velocidad 3G empezó con un mínimo de 144Kbps (Kilo-bytes-por-segundo).

Las redes 4G, como: HSPA + 21/42, LTE y WiMAX), son generalmente más rápidas que la 3G. Ejemplos:

a) La descarga de un juego de 20 MB en un teléfono celular inteligente con 3G tomaría aproximadamente 3 minutos, mientras que en un teléfono con 4G, tomaría solamente unos 25 segundos.

Autor: Jaime Gutierrez © 2014   www.multimedia777.com

b) La descarga de una canción en 4G toma aproximadamente 1 segundo de buffering, mientras que en 3G serían como 10 segundos.

c) La reproducción de un video de youtube (en 4G) toma cerca de 1 segundo, mientras que en 3G tarda 20 segundos y puede interrumpirse.

Capítulo VIII

Funciones de las Computadoras

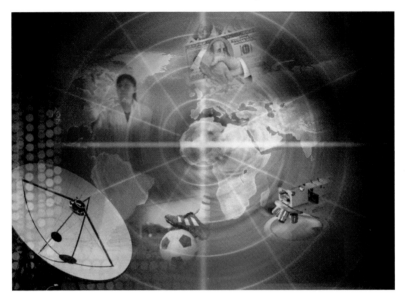

Las computadoras tienen múltiples funciones:

1) Procesar datos
2) Almacenar datos
3) Reproducir informática
   (Documentos, audio, videos, fotos, etc.)
4) Conexión con la internet
5) Producción de resultados automáticos

Las computadoras son muy importantes en:

- En el sector gubernamental
- En la vida cotidiana personal
- Los negocios
- La educación
- En el campo profesional
- En el campo científico
- Etc., etc.

Las computadoras representan la base de la informática y son de suma importancia dentro del cuarto elemento de la economía:
1) Tierra
2) Mano de obra
3) Capital
4) Informática

Uso correcto

Nota: Usadas de la manera correcta, las computadoras nos ahorran tiempo y nos brindan múltiples servicios, como:

Conectividad: Por medio de teléfonos, cable y de otras redes de comunicación alámbricas e inalámbricas.

Interactividad: Nos permiten interactuar de forma instantánea y simultánea con otros usuarios.

Servicio de Multimedia: Nos permiten producir, editar, reproducir, procesar documentos, audio, video, gráficos y fotografías, etc.

Medio para Socializar: Las computadoras nos permiten estar en contacto con familiares y amigos en todo el mundo, a través de la internet, los mensajes electrónicos y las famosas redes sociales.

Autor: Jaime Gutierrez © 2014   www.multimedia777.com

Capítulo IX

INSTRUCCIONES BÁSICAS PARA EL USO DE UNA COMPUTADORA DE ESCRITORIO

1) Oprima el botón de encendido en el CPU.

2) Oprima el botón de encendido en el monitor.

3) Espere a que se complete el protocolo de encendido y a que en la pantalla aparezcan las carpetas, folders, programas y documentos de inicio, etc.

Nota: Es importante que se familiarice con la pantalla inicial de la computadora con la que va a interactuar, para poder acceder al siguiente paso.

Si va a estrenar una nueva computadora

Cuando la computadora es nueva y se va a usar por primera vez, normalmente y después de encenderla, se debe completar un proceso de registros y acondicionamiento según las necesidades y deseos particulares de cada usuario.

Importante: Durante ese proceso inicial de acondicionamiento que se hace regularmente una vez (solamente cuando la computadora es nueva y se usa por primera vez), el usuario puede eliminar todos los programas, carpetas, aplicaciones y otros elementos que no quiere, porque no los necesita, o porque no los va a usar y puede también añadir otros diferentes si los tiene.

4) Ponga su mano de la manera correcta sobre el Ratón. Ver los gráficos siguientes:

Nota: El ratón es el mecanismo con el que se activa y/o controla al cursor* o selector, dentro de una computadora.

* El Cursor: Es un dispositivo digital, símbolo, flecha, o figura, que se ve en la pantalla de las computadoras y que se usa para seleccionar, manipular, editar y/o activar elementos como: folders, archivos, ventanas, documentos, etc.; al interactuar con la computadora.

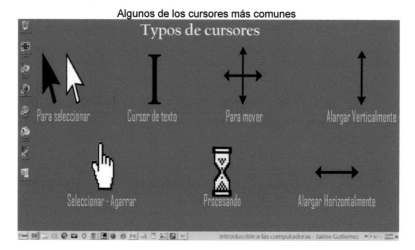
Algunos de los cursores más comunes

Nota: Como se mencionó antes y como se ve en el anterior gráfico, es importante recalcar que hay diferentes tipos de cursores y que el cursor en la pantalla de una computadora se mueve gracias al ratón, que es el que también determina la posición y la acción; según la manipulación del usuario.

Observación: En principio y debido a la velocidad con la que operan la mayoría de las computadoras modernas, el ratón es un tanto difícil de controlar y es sin lugar a dudas, el tropiezo número 1, que generalmente tienen las personas al empezar a interactuar con una computadora, debido a la extrema sensibilidad que tiene el ratón.

Si llega a tener dificultades en dominar la operación del ratón, NO se deprima, ni se frustre.

Si eso le llega a pasar, simplemente siga las instrucciones que se dan a continuación y practique, practique y practique.

5) Instrucciones para manejar el ratón:

a) Para SELECCIONAR algo con el ratón:

Agarre el ratón colocando la mano en la posición que muestra la siguiente imagen:

El dedo índice debe ir sobre la sección del lado izquierdo del ratón. El dedo intermedio, encima del lado derecho.

Para mayor control y estabilidad al interactuar con el ratón, descargue parte de la base de la mano (la parte junto a la muñeca) sobre la superficie de la mesa o escritorio en donde se encuentra el ratón.

(Ver la imagen que sigue)

Con el dedo pulgar y con los dos dedos restantes de la mano, sostenga el Ratón de manera suave.

Nota: Recuerde que el cursor marca la posición y aparece como una flecha, o una rayita vertical (I), o como la figura de una manita que pulsa, etc.

A este punto ya puede empezar a interactuar con el ratón.

b) Para hacer UN SOLO CLICK: Oprima suavemente una vez con el dedo índice y afloje de inmediato.

c) Para hacer UN DOBLE CLICK: Oprima simultánea y rápidamente DOS VECES, con el dedo índice.

d) Para ARRASTRAR: En muchas ocasiones va a necesitar usar el ratón en conjunción con el cursor, para arrastrar íconos, programas, aplicaciones y otros elementos.

En tal caso deberá hacer lo siguiente.

Para arrastrar, haga un CLICK en el lado izquierdo del ratón y AGUANTE LA POSICIÓN DEL DEDO sobre el ratón.

Luego simplemente ARRASTRE, moviendo el Ratón hasta el punto deseado.

Nota: Una vez llegue a la posición deseada, simplemente afloje el dedo, suéltelo.

e) Para SELECCIONAR ELEMENTOS:

Una función muy común que se hace con el ratón y el cursor, es la selección de: palabras, fracciones de texto, partes de un documento, de una ventana, de archivos, carpetas, fotos, etc.

Para seleccionar un elemento, coloque el cursor antes, o sobre lo que quiere seleccionar y oprima el lado izquierdo sin soltar.

Luego desplace el ratón hasta completar lo que quiere seleccionar y una vez tenga hecha la selección, suelte.

Si lo hace correctamente verá que lo que seleccionó, se mueve, o si es texto, queda marcado por una sombra generalmente gris, azul, o de cualquier otro color.

Eso quiere decir que el desplazamiento se ha logrado, o que su selección está hecha y entonces Usted podrá editar dicha selección según su deseo o necesidad.

Nota: No tenga miedo. Si lo hace mal, vuelva y repita la acción hasta que adquiera destreza. Siga practicando.

f) Resultado de CLICK EN LADO DERECHO:

Un click en el lado derecho del ratón, abre un menú que contiene opciones alternas.

Al hacer click en el lado derecho del ratón
aparece un menú de opciones.
Nota: Este menú de opciones cambia según
el programa o aplicación con que esté trabajando,
o según la página de internet que se está visitando, etc.
Ejemplo:

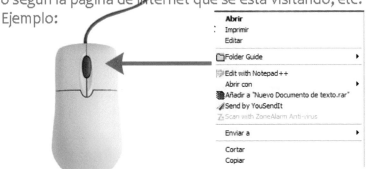

Nota: Observe el gráfico y practique en su computadora para que adquiera prática y vaya memorizando los diferentes tipos de menús de opciones, según cada operación que esté haciendo.

g) Usando LA RUEDITA DEL RATÓN:

La ruedita que está entre el lado izquierdo y el derecho del ratón tiene varios usos:

I - Puede usarse para mover los deslizadores laterales u horizontales cuando hay barras con secciones ocultas.

Cortesía de Microsoft Corporation

Autor: Jaime Gutierrez © 2014   www.multimedia777.com

II - Puede mover el contenido de la pantalla hacia arriba y hacia abajo, dependiendo del programa, o de la aplicación que se esté usando. Para mover la ruedita, use su dedo índice preferiblemente.

III - Al darle vueltas a la ruedita del Ratón, en ciertos casos, también se puede hacer la función de seleccionar elementos.

Nota: En ocasiones va a ver que el cursor en el monitor se convierte como en una especie de relojito de arena.

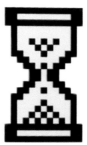

Eso simplemente significa que la computadora está trabajando y que necesita tiempo para poder completar las instrucciones, o la tarea que usted le dio. Debe esperar a que se complete la operación.

6) Íconos, barras y otros elementos en la Pantalla del Monitor:

Cortesía de Microsoft Corporation

Una vez que usted aprende a manejar el ratón y el cursor, el paso siguiente es familiarizarse con los botones, barras, menús, íconos, programas y aplicaciones que aparecen en la pantalla de la computadora, tableta o teléfono celular inteligente, etc.

Para abrir un determinado programa o una aplicación, normalmente solo se tiene que hacer un click sobre el ícono correspondiente y el programa se abre.

Una vez que abre el programa, normalmente va a ver una o más barras horizontales en la parte superior de la pantalla y otra, u otras, en la parte inferior.

La(s) barras(s) de la parte superior e inferior, son normalmente parte del programa o ventana que está abierto(a) y/o pertinentes a otras funciones de la pantalla de la computadora.

Como se mencionó antes, las barras contienen normalmente botones para activar menús y submenús. También contienen íconos para activar y desactivar programas, aplicaciones y otros elementos.

Dentro de la barra principal del monitor de la computadora, que puede estar arriba, abajo, o en los laterales de la pantalla principal de la computadora, hay botones, diferentes símbolos y otros elementos, que se usan para funciones específicas, ejemplo:

a) Botón de INICIO/START: El botón de Inicio o Start (que usualmente aparece en la parte inferior izquierda de la pantalla), permite abrir y ver diferentes menús, submenús y el panel de controles administrativos de la computadora. Ver el siguiente gráfico:

b) Signo de menos (-):

Signo menos para esconder / Ocultar

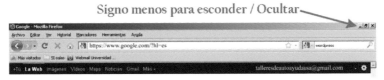

Al hacer un click sobre el signo de menos (-), normalmente se esconde, o se cierra una pantalla, o un programa, una aplicación, un documento, una página, o un sitio de la internet, etc.

Cuando se hace click sobre el signo menos, usualmente la ventana, programa, o aplicación, se esconde generalmente en la barra inferior de la pantalla, dejando ver solamente el ícono correspondiente.

Nota: Para abrirlo otra vez, solo hay que hacer un nuevo click en el ícono dentro de la barra y nuevamente se abrirá.

c) Signo de dos cuadritos uno tras otro:

Cuadros para disminuir tamaño

Esos cuadritos se usan para reducir el tamaño de la ventana, página o pantalla que se está viendo. Al hacer en los cuadritos se reduce el tamaño de la pantalla. Esto permite poder ver múltiples pantallas al mismo tiempo dentro de la pantalla principal o monitor.

d) Signo de una X:

X Para cerrar

Se usa para cerrar pantallas, programas, aplicaciones, documentos, páginas de internet, etc.

e) Iconos / Sub-menús más comunes: Los íconos o sub-menús más comunes dentro de la pantalla principal de una computadora son:

- My Documents (Mis Documentos)
- My Computer (Mi Computadora),
- Internet Access (Acceso a la Internet),
- Recycle Bin (Bodega de Reciclaje)

7) Conociendo el Teclado:

Hay diferentes tipos de teclados. Un teclado puede venir cargado de varios grupos de teclas y botones, que controlan una gran variedad de funciones extras, en adicción a las funciones regulares de escritura. Los teclados pueden llegar a ser extremadamente sofisticados.

También hay teclados muy simples y que traen muy pocas teclas y botones.

El diseño de la gran mayoría de los teclados, sin embargo, suele ser muy parecido al de los teclados de las máquinas de escribir antiguas.

Sin importar qué teclado sea, se puede decir de manera general, que todos los teclados traen una sección que tiene las letras de todo el alfabeto, incluyendo algunos símbolos y números.

La mayoría de los teclados traen una tecla con las siglas "Esc" (Escape), en la parte superior izquierda, que es usada generalmente para salirse de un programa, aplicación o video, etc.

Seguidamente y por lo general a la derecha y horizontalmente en la misma línea de la tecla de "Esc"; la mayoría de todos los teclados traen 12 botones o teclas deletreadas con la letra F. Todas las letras F van en una secuencia que va de la **F1 hasta la F12.**

La secuencia de letras de la F1 a la F12, tiene diversas funciones según la computadora y no tiene mucha relevancia en lo que se relaciona a esta introducción a las computadoras, puesto que las funciones de la secuencia de F1 hasta la F12, son un poco más avanzadas y no son tan indispensables, ni requeridas en la primera parte del aprendizaje.

Debajo de la secuencia de las letras **F1 a la F12,** están las letras y símbolos de la escritura convencional.

Debajo de las letras y símbolos del alfabeto, están unas teclas muy usadas para controlar ciertas funciones y son:

La tecla de **Caps Lock**: Que se presiona para hacer que el teclado escriba todo en letras mayúsculas. Nota: Para desactivar la función de las letras mayúsculas, solo hay que volver a oprimir la misma tecla de Caps Lock.

La tecla de **Shift:** Se usa para cambiar de minúscula a mayúscula. Una letra a la vez. Se activa y desactiva cada vez que se oprime.

Nota: Por lo general, las teclas de Shift y también la de control tienen usos alternos, como se explica a continuación, en el caso de la tecla Ctrl*:

*La tecla de **Ctrl**: Se usa combinándola con otras letras y teclas, para realizar ciertas funciones muy prácticas y lograr atajos que ahorran tiempo. Ejemplos:

a) **Ctrl** y la letra **p:** Para imprimir directamente, desde el programa o pantalla en que se está trabajando.

b) **Ctrl** y la letra **c:** Para copiar uno o más de los elementos con los que se está trabajando.

c) **Ctrl** y la letra **v:** Para pegar lo que se ha copiado.

d) **Ctrl** y la letra **s:** Se usa para guardar o salvar en la memoria.

Notas:

*- Al combinar la tecla Ctrl con otras letras para formar atajos, preferiblemente con el dedo meñique izquierdo, mantenga oprimida la tecla Ctrl y con otro dedo oprima la letra del atajo.

*- Cuando copie algo oprimiendo la tecla Ctrl y la letra C, tenga en cuenta que lo que acaba de copiar se va a la memoria.

La memoria de la computadora usada para esta función, solamente copia una cosa a la vez.

Si usted vuelve a usar la misma combinación de Ctrl C, sin haber pegado la información, o lo que había copiado, la memoria guardará lo nuevo que usted ha copiado y borrará lo anterior. Recuerde que esta función de copiar es de una memoria temporal y que si apaga la computadora, lo que haya copiado, también se borrará. Nota: La memoria temporal en donde se copia algo con la combinación de las teclas de Ctr y C, se llama "Clipboard" en inglés, o algo así como tablero de apuntes y es algo virtual, que no se ve.

*- La memoria del Tablero de apuntes (conocido en Inglés como "clipboard") sólo recuerda lo último que se guarda.

Autor: Jaime Gutierrez © 2014   www.multimedia777.com

Las cuatro teclas de **flechas**: Estas cuatro flechas están a la derecha de las letras del alfabeto (Las cuatro están juntas, una al lado de la otra; una señalando hacia arriba, una hacia abajo, otra a la izquierda y otra al lado derecho. Ubíquelas dentro de su teclado).

Dichas flechas mueven el cursor hacia arriba, hacia abajo, para el lado derecho y para el lado izquierdo.

La tecla de **backspace**: Sirve para borrar o eliminar letras o espacios hacia el lado izquierdo del cursor. Si se mantiene oprimida, sigue borrando y eliminando espacios hacia el lado izquierdo del cursor.

La tecla de **delete:** Sirve para borrar o eliminar letras o espacios al lado derecho del cursor.

La tecla **end**: Significa final en inglés y sirve para colocar el cursor al final de un documento, o un renglón.

Capítulo X

Instrucciones para entrar a la internet

Nota: Para poder entrar a la internet, toda computadora, tableta o teléfono celular inteligente, etc.; requiere de ciertas cosas básicas como: Señal de Wifi, o de Internet, o de un equipo de Hot-Spot, o de una conexión física, ya sea del sistema de cable, de las compañías de teléfono que proveen internet, o de un proveedor de Internet satelital, etc. También se requiere de un explorador o navegador.

Como se mencionó antes en este libro, un Explorador, Navegador, o Browser, es un programa para computadoras, tabletas, teléfonos inteligentes, etc.; que permite navegar a través de la Internet.

La mayoría de los planes de servicios celulares ofrecen una conexión básica con la internet. Algunos de dichos planes incluso ofrecen acceso a la Internet, en alta velocidad, o banda ancha, como también se le conoce.

Antes de que usted intente entrar a la Internet, asegúrese de que su computadora, tableta, teléfono inteligente, etc., tiene todo lo requerido para poderse conectar.

Pasos a seguir para entrar en la Internet:

1) Dentro de la pantalla del monitor, busque el ícono del Explorador / Browser de Internet que esté pre-instalado (Ejemplo: Internet Explorer®, Netscape®, Mozilla®, Safari®, etc.).

Nota: En algunas computadoras, tabletas y teléfonos inteligentes, puede ser que haya más de un explorador. En tal caso, ubique uno de ellos y continúe con el paso siguiente.

2) Seleccione el ícono del Explorador y pulse una vez (haciendo un click) en la parte izquierda del ratón.

Nota: A la vez que el Explorador se conecta con la Internet, se abre una pantalla que muestra una página Web.

Para propósito de orientación sobre cómo entrar a la Internet y crear una cuenta de Correo Electrónico (E-mail), vamos a visitar la página del motor de búsqueda de Google® en español, cuya dirección en la Internet es:

https://www.google.com/?hl=es

Cortesía de Google ®

Nota: Como se puede ver, la página de Google en español presenta una serie de barras en la parte superior, en el medio y también en la parte inferior de la pantalla.

La mayoría de las barras que se muestran tienen varios menús, submenús, títulos y subtítulos.

Lo más importante a este punto es saber que de momento Usted solo tiene que recordar dos partes básicas en dicha página de google.

I) La Barra de Búsqueda de URL: Es allí en donde se coloca el nombre o código de la página o sitio de INTERNET, que se quiere buscar.

Nota: Si usted ya tiene una dirección completa de una página de Internet, es ahí donde la tiene que colocar, para visitar el Sitio-Web de esa página. Para salir de esa página y entrar a otro Sitio-Web, todo lo que se tiene que hacer es colocar el cursor al final del texto que hay en esa barra, borrar el texto y colocar la dirección del nuevo Sitio-Web que se quiere visitar.

Barra de búsqueda en Internet (Aquí se coloca la dirección, el nombre, o código de la página que se quiere buscar)

Cortesía de Google ®

II) Barra para buscar información en Internet:

En dicha barra se puede buscar todo tipo de información dentro de la Internet.

Se puede buscar información sobre cualquier tema. Información personal, comercial, de negocios, ciencia, política, música, noticias, etc. Ver el gráfico siguiente:

Cortesía de Google ®

Solo coloque la palabra o palabras principales que hacen referencia al tema o tópico que le interesa y presione la tecla de Entrar / Enter, en el teclado de la computadora que está usando. Consecutivamente se abrirá una primera página que contiene información proveniente de diversas fuentes, con relación al tema que usted entró.

Una vez que haya visto la información que quería ver, o si no es la información que Usted quiere y desea seguir buscando, todo lo que tiene que hacer es devolverse a la página anterior (en este caso, al motor de búsqueda de Google en Español), haciendo un click en la flecha que indica hacia la izquierda, como se muestra en el gráfico.

Cortesía de Google ®

Capítulo XI

Pasos para crear una cuenta de E-mail
(Para crear su cuenta de Correo Electrónico)

Para poder crear una cuenta de email a su nombre, usted deberá entrar a la página de uno de los muchos proveedores de correo electrónico, o e-mail (ejemplo: Gmail, Yahoo, Hotmail).

En este caso se provee la dirección o enlace (Link) en español, para crear una cuenta de correo electrónico (e-mail), en Gmail:

https://accounts.google.com/SignUp?hl=es-419

1) Coloque la dirección que aparece arriba, en la barra de búsqueda de URL.

Cortesía de Google ®

2) Pulse la tecla de Entrar / Enter.

Nota: Se abre la siguiente pantalla:

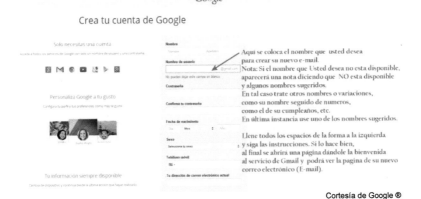

Cortesía de Google ®

3) Llene todos los espacios de la forma y siga todas las instrucciones. Si lo hace bien, al final se abrirá una página dándole la bienvenida al servicio de Gmail y podrá ver su nueva página de correo electrónico (E-mail).

Nota: Si el nombre que usted desea para crear su nuevo e-mail, no está disponible, entonces aparecerá una nota diciendo que <u>no</u> está disponible y también verá algunos nombres sugeridos.

En tal caso trate otros nombres o variaciones, como su nombre seguido de varios números, como el de su cumpleaños, etc.

En última instancia use uno de los nombres sugeridos. Al completar esta forma, habrá creado su nuevo correo electrónico o E-mail.

A este punto, usted ya puede enviar y recibir correos electrónicos.

Pásele la voz a sus familiares y amigos, de que ya tiene una dirección de correo electrónico y pídales la de ellos, de modo que se puedan comunicar.

¡FELICITACIONES!

A este punto usted ya tiene su propia dirección de E-mail y podrá conectarse con aquellos familiares y amigos que también tengan correo electrónico, en el mundo entero.

Siga practicando por cuenta propia. Si quiere seguir aprendiendo con una guía escrita, puede adquirir el siguiente tomo de este libro:

"Introducción a la Internet"

Capítulo XII

INSTRUCIÓN PARA CREAR DOCUMENTOS
(Una idea elemental para abrir el programa)

Para escribir un documento como una carta, un resumé o currículo, un poema, una canción, un relato, etc., se requiere de un programa o aplicación especial para el procesamiento de palabras, como: Microsoft Word®, Pages®, Worpad®, etc.

Si su computadora, teléfono inteligente, etc., no cuenta con uno de los programas para el procesamiento de texto y documentos, Usted deberá adquirir uno de esos programas.

Hay algunos programas que se ofrecen de manera gratuita en la internet. Otros se pueden comprar en tiendas y también se pueden bajar de la Internet, una vez se paga por ellos.

Normalmente casi todas las computadoras modernas traen un programa básico de procesamiento de palabras y documentos.

Dependiendo del programa o la aplicación que se use, puede haber diferencia en los menús, los formatos y la operación, etc.

Se puede decir que en términos generales, los pasos para escribir una carta o un documento, son bastante parecidos en la mayoría de los programas procesadores de palabras:

<u>Pasos a seguir para escribir un documento:</u>

1) Dentro de la pantalla del monitor, busque el ícono de Microsoft-Word®.

2) Pulse una vez (haciendo un click) en la parte izquierda del Ratón, sobre dicho ícono.

<u>Nota:</u> El programa de Microsoft-Word® se abre mostrando una serie de barras en la parte superior y también una barra en la parte inferior de la pantalla, con varios menús, submenús, títulos y subtítulos.

También muestra una sección en blanco y el cursor de escritura (I) dentro de la misma.

<u>Nota:</u> Para propósito de Introducción a las Computadoras, se muestra un ejemplo de una página en blanco, dentro del conocido programa Microsoft-Word®.

INTRODUCCIÓN A LAS COMPUTADORAS

Diagrama de una página en blanco - Microsoft Word®. En **español**:

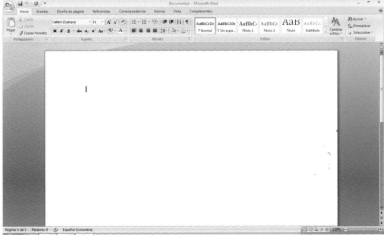

Cortesía de Microsoft Corporation

Diagrama de la misma página en blanco. Microsoft Word®. - En **Inglés**:

Cortesía de Microsoft Corporation

Autor: Jaime Gutierrez © 2014   www.multimedia777.com

A este punto, usted ya puede empezar a escribir el documento que quiere. Solamente tiene que usar el teclado y completar los párrafos, según el tipo de documento que desea crear.

Cada programa o aplicación para procesar palabras, funciona un tanto diferente.

En la mayoría de los mismos hay una serie de operaciones básicas que se manipulan relativamente de manera similar.

Si usted nunca ha usado una computadora, un procesador de palabras, o por lo menos una máquina de escribir, deberá practicar con el teclado hasta adquirir la destreza necesaria para escribir con comodidad.

Si tampoco conoce las funciones básicas para procesar palabras, le recomendamos que siga aprendiendo por cuenta propia.

Puede tomar cursos acelerados en escuelas especializadas, o aprender en la comodidad de su casa, a través de la internet.

Capítulo XIII

CURSOS GRATIS Y BUSCADORES
(Search Engines)

Hay muchos sitios en la internet que ofrecen cursos de computadoras y sobre diversos programas, etc.; gratis. También hay videos didácticos que se pueden ver de manera gratuita en la misma internet.

A continuación una lista de cinco enlaces en donde se ofrecen cursos gratuitos por Internet, para aprender computadoras y educarse en diversas áreas, por cuenta propia, en el tiempo libre y desde cualquier parte del mundo, mediante una conexión con la internet.

1) http://new.aulafacil.com/
2) http://www.clasesnet.com/
3) http://www.aulaclic.es/index.htm
4) http://www.delapc.com/
5) http://www.gcfaprendelibre.org/index.do
6) http://www.youtube.com/

Nota: Los anteriores enlaces se ofrecen como una referencia solamente, sin endosar a ninguno de ellos y sin garantizar la continuidad, funcionalidad o eficacia de los mismos.

Referencia de Motores de Búsqueda

Como ya se mencionó, los motores de búsqueda sirven para encontrar información en la Internet.

A continuación se dan los nombres y sitios-web de algunos de los motores de búsqueda más usados:

Google	www.google.com
Yahoo	www.yahoo.com
Alta Vista	www.altavista.com
Lycos	www.lycos.com
HotBot	www.hotbot.com
FAST Search	www.alltheweb.com
WebCrawler	www.webcrawler.com
InfoSeek	www.infoseek.com
InfoHiway	www.infohiway.com/
PlanetSearch	www.planetsearch.com/
FindWhat	www.findwhat.com/
HispaVista	www.buscar.hispavista.com/
Encuentrelo	www.encuentrelo.com/
Telepolis	www.telepolis.com/
LatinWorld	www.latinworld.com/

¡FELICITACIONES!

A este punto Usted ya ha empezado a navegar por la Internet. ¡Ya es un Internauta!

Siga practicando por cuenta propia.

Si quiere seguir aprendiendo más cosas sobre la navegación en internet con una guía escrita, esté pendiente al próximo tomo de este libro.

Capítulo XIV

SINOPSIS HISTÓRICA SOBRE LA COMPUTADORA

Los datos cronológicos y la información histórica que se suministra a continuación representan una sinopsis investigativa hecha por el autor de este libro y provienen de diversas fuentes no verificadas.

Se ofrecen solamente como información no oficial y como notas curiosas, para dar una idea de la evolución de las computadoras, sin asumir ninguna responsabilidad por la veracidad cronológica e histórica de la misma.

En caso de que se requiera de fuentes y referencias precisas, se recomienda investigar el tema por cuenta propia y reconfirmar la información dada, ya sea en una biblioteca física, o en la internet.

AÑO	DATO HISTÓRICO
2400AC	Aparece "El Ábaco", que representa el artefacto más antiguo que se conoce y que se desarrolló para manipular datos como operaciones matemáticas básicas de suma, resta, multiplicación y división. Se cree que fue desarrollado por los Babilonios y/o los Romanos, cerca del año 3000 AC. Se considera como la primera calculadora conocida en la historia.
1822	Se inventa la primera computadora mecánica, desarrollada por Charles Babbage.
1835	Samuel Morse desarrolla su famoso Código Morse.
1853	Georg Scheutz y su hijo Edward crean la máquina de tabulación.
1880	Alexander Graham Bell desarrolla el teléfono llamado, el Photophone.
1895	Guglielmo Marconi da a conocer las primeras señales de radio.
1911	Se funda la firma IBM, el 15 de junio.

1923	Philo Farnsworth inventa el televisor electrónico.
1938	Konrad Zuse crea la computadora llamada Z1, un ordenador digital binario, basado en cinta perforada (Key punch).
1939	William Hewlett y David Packard empiezan la firma Hewlett Packard.
1950	Hideo Yamachito crea la primera computadora electrónica, en Japón.
1956	Basil Hirschowitz , C. Wilbur Peters, y Lawrence E. Curtiss, inventan la fibra óptica.
1958	Se crea el primer circuito integrado de silicón, un chip de silicio. Producido por los EE.UU., a cargo de Jack Kilby y Robert Noyce.
1962	Se presenta el primer juego para un ordenador ("Spacewar Computer"), inventado por Steve Russell & MIT.
1963	Douglas Engelbart inventa y patenta el primer ratón para computadoras.
1964	IBM presenta el primer procesador de textos.

1967	La firma IBM crea el primer disco de memoria.
1969	Gary Starkweather crea la impresora láser.
1970	La firma Intel presenta el primer RAM (Memoria de Acceso Aleatorio) y el primer microprocesador, el Intel 4004.
1971	Ray Tomlinson crea el e-mail.
1972	La firma Atari lanza "Pong", el primer videojuego y también se inventa el disco compacto (CD) en USA.
1973	Se crea el Ethernet, que es una red de área local de protocolo (LAN), por: Robert Metcalfe y David Boggs. También en 1973, se da a conocer la micro-computadora personal, llamada Xerox Alto.
1975	Bill Gates y Paul Allen fundan Microsoft Corporation, el 4 de abril. Aparece la primera computadora portátil producida por Altair.

1976	Steve Wozniak y Steve Jobs fundan la firma Apple Computers.
1977	Ward Christensen escribe el famoso programa "Modem", que permite que dos o más computadoras puedan intercambiar archivos entre sí, a través de una línea telefónica.
1982	Aparece en el mercado "WordPerfect 1.0" un programa de procesamiento de textos.
1983	Microsoft introduce la plataforma de Windows.
1991	La Internet (World Wide Web) se lanza al público, debutando el 6 de agosto de ese año.
1994	Se crea Yahoo, en el mes de abril.
1995	Jeff Bezos crea www.Amazon.com. Pierre Omidyar funda EBay. Hotmail es creado por Jack Smith y Sabeer Bhatia.

1998	Google es fundada por Sergey Brin y Larry Page, el 7 de septiembre. También se funda PayPal en ese año, por Peter Thiel y Max Levchin.
2001	Bill Gates introduce el Xbox , el 7 de enero.
2012	Hasta este año hubo reportes no oficiales indicando que se habían vendido más de 1000 millones de PCs, o computadoras personales en el mundo entero.

Capítulo XV

AGRADECIMIENTO

Primero a DIOS y luego a Usted, mi estimado Amigo Lector.

Gracias por el tiempo dedicado a mi libro "Introducción a las computadoras".

Espero que me haya seguido hasta este punto y que ya esté un poco más familiarizado con el tema de las computadoras y que si no las estaba usando, empiece a hacerlo, para que no se siga quedando atrás en lo que son los avances de la nueva tecnología y para que pueda también estar conectado con el mundo entero a través de la Internet.

Como el título lo dice, esto ha sido solo una Introducción al tema de las computadoras y usted no se debe conformar con lo que ya sabe.

Debe seguir aprendiendo y practicando, para adquirir un mayor conocimiento y destreza.

La práctica hace al maestro... Si usted le dedica el tiempo necesario a la práctica y sigue mis instrucciones al pie de la letra, estoy convencido que en muy poco tiempo va a lograr dominar el uso de las computadoras y va a poder sacarle mucho provecho a todas las posibilidades que ofrece el mundo de la cibernética, tales como: elaborar sus cartas y documentos sin tener que depender de nadie, procesar e imprimir sus fotos, guardar todos sus archivos y documentos importantes de manera digital, etc.

También va a poder beneficiarse de todas las ventajas que ofrece la Internet, ejemplo:

Va a poder realizar la mayoría de sus transacciones bancarias como: hacer pagos por servicios, depositar cheques, cobrar y enviar giros, etc. Todo desde la comodidad de su casa, sin tener que ir físicamente al banco.

Igualmente va poder mantenerse en comunicación con familiares y amigos a través de su correo electrónico y de las redes sociales.

Podrá también hacer la mayoría de sus compras desde su computadora y a través de la Internet, sin tener que ir a las tiendas.

Va a poder ahorrarse mucho tiempo y dinero, al no tener que salir de casa, ya que a través de la Internet se pueden diligenciar muchas cosas que nos facilitan la vida.

Yo conozco a personas, algunas entre 60 y 80 años, que se han beneficiado de mi método de aprendizaje por cuenta propia.

Personas que antes le tenían miedo a las computadoras y a la Internet y que pensaban que eso no era para ellas porque no se sentían capaces de interactuar con una computadora.

Hoy día, después de participar en uno de mis talleres, esas mismas personas manejan la mayoría de sus asuntos, tareas cotidianas y trabajos, haciendo uso de sus computadoras personales.

Yo espero que usted también se convierta en un testimonio más de que... ¡Querer es poder!

Una vez más gracias por el tiempo que me ha dedicado al leer este libro.

No pare nunca de soñar.

Luche por sus metas e ideales.

Aunque parezcan imposibles, aunque la gente le diga que usted no puede, que no será capaz... ¡Siga adelante!

Si se siente caído, deprimido, acabado, sin fuerzas ya; este mensaje es para Usted...

¡Levántese!

La vida es maravillosa y siempre hay algo, o alguien por quien vivir.

Aunque tal vez no tenga el gusto de conocerle en persona, quiero que sepa que Usted para mí es muy importante y que le amo, como su hermano terrenal que soy.

Estoy convencido que DIOS también le ama.

Si no lo cree así, solo deténgase a pensar en usted mismo. Usted es una maravilla de la Creación. ¡Usted es muy importante!

Usted vale mucho, aunque piense que no.

Por eso escribí este mensaje al final de este libro. ¡Ánimo!

Es mi fe, mi esperanza y mi certeza, que DIOS nos ama.

COMENTARIO FINAL

(Por: Jaime Gutierrez y Dinorah Coronado)

Finalmente, una vez que aprenda a manejar las computadoras, NO SE CONVIERTA EN UN ESCLAVO DE LAS MISMAS.

Use las computadoras y la tecnología para beneficio suyo y de sus seres queridos. No se vuelva un adicto. No dedique todo su tiempo libre al uso de las computadoras y de la tecnología.

No le robe tiempo a su vida, ni a sus familiares y amigos. No se vuelva un robot. No se deshumanice. Recuerde que todos los excesos suelen contraproducentes.

Es muy importante que usted entienda que las computadoras y la tecnología son como una herramienta que se puede usar para bien, pero que también se puede convertir en un grave problema personal, si no se usan sabiamente.

Las computadoras se pueden convertir en una terrible adicción y lo pueden controlar a usted, en vez de que usted las controle a ellas. ¡Tenga cuidado!

Especialmente supervise a sus hijos todo el tiempo. Ellos, especialmente los niños entre 4 y 12 años, y los adolescentes, están en la actualidad dedicándole demasiadas horas del día y de la noche a los teléfonos celulares y otras computadoras.

Algunos ni duermen, pues se encierran en sus cuartos y pasan la mayor parte de la noche conectados a la internet, etc. Luego en el día, están a todas horas pegados a sus máquinas. No sueltan sus teléfonos, I-pads, etc. ni a la hora de comer.

Vigile que sus hijos no caigan en esa trágica adicción y que a Usted tampoco le pase.

No deje que la nueva tecnología lo domine y lo perjudique.

Si aprende a usar las computadoras con sabiduría y control de sí mismo, va a poder sacarles mucho provecho.

Que DIOS
(PADRE, HIJO JESUCRISTO Y ESPIRITU SANTO)

esté siempre con todos nosotros y nos ayude a GLORIFICARLO en todo lo que hagamos.

Seguimos en comunicación a través de mis libros, talleres, charlas y viajes.

¡Hasta pronto!

Autor: Jaime Gutierrez © 2014   www.multimedia777.com